Impressum
Verlag: BABADADA GmbH, Nedderfeld 112 , 22529 Hamburg
Geschäftsführer / Verlagsleitung: Harald Hof
Druck: Books on Demand GmbH, In de Tarpen 42, 22848 Norderstedt

Imprint
Publisher: BABADADA GmbH, Nedderfeld 112 , 22529 Hamburg, Germany
Managing Director / Publishing direction: Harald Hof
Print: Books on Demand GmbH, In de Tarpen 42, 22848 Norderstedt

學校

sekolahan

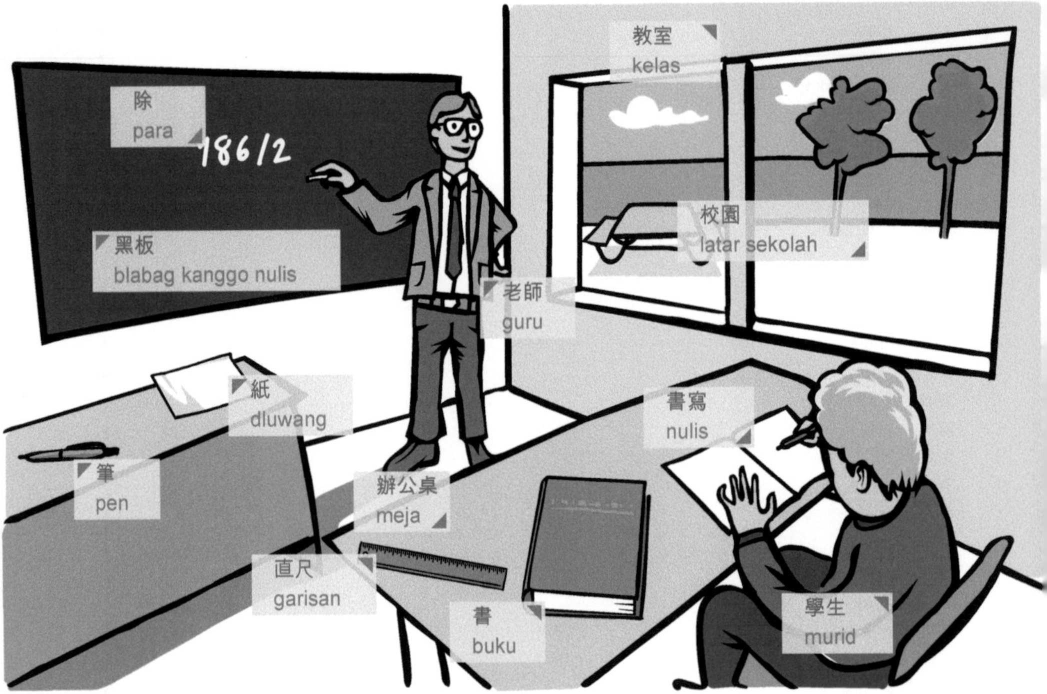

教室
kelas
除
para
186/2
黑板
blabag kanggo nulis
校園
latar sekolah
老師
guru
紙
dluwang
書寫
nulis
筆
pen
辦公桌
meja
直尺
garisan
書
buku
學生
murid

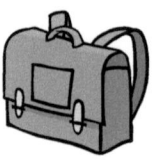

書包

tas sekolah

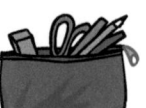

鉛筆盒

tepak potlot

鉛筆

potlot

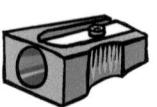

削鉛筆機

orotan potlot

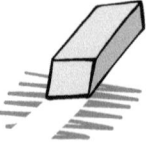

橡皮擦

setip

畫板

lemek nggambar

圖畫
gambar

畫筆
kuwas

顏料盒
tepak cat nggambar

剪刀
gunting

膠水
lem

練習冊
buku latihan soal

家庭作業
pakaryan omah

數字
angka

加
tambah

減
suda

乘
ping

計算
itung

字母
aksara

ABCDEFG HIJKLMN OPQRSTU VWXYZ

字母表
abjad

hello

字
tembung

課文

teks

讀

maca

粉筆

kapur

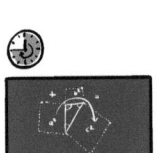

上課

wulangan

登記

dhaptar

考試

ujian

證書

sertipikat

校服

sragam sekolah

教育

pendhidhikan

百科全書

ensiklopedia

大學

universitas

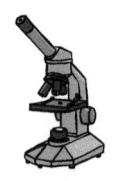

顯微鏡

mikroskop

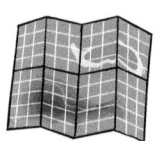

地圖

peta

廢紙簍

kranjang larahan

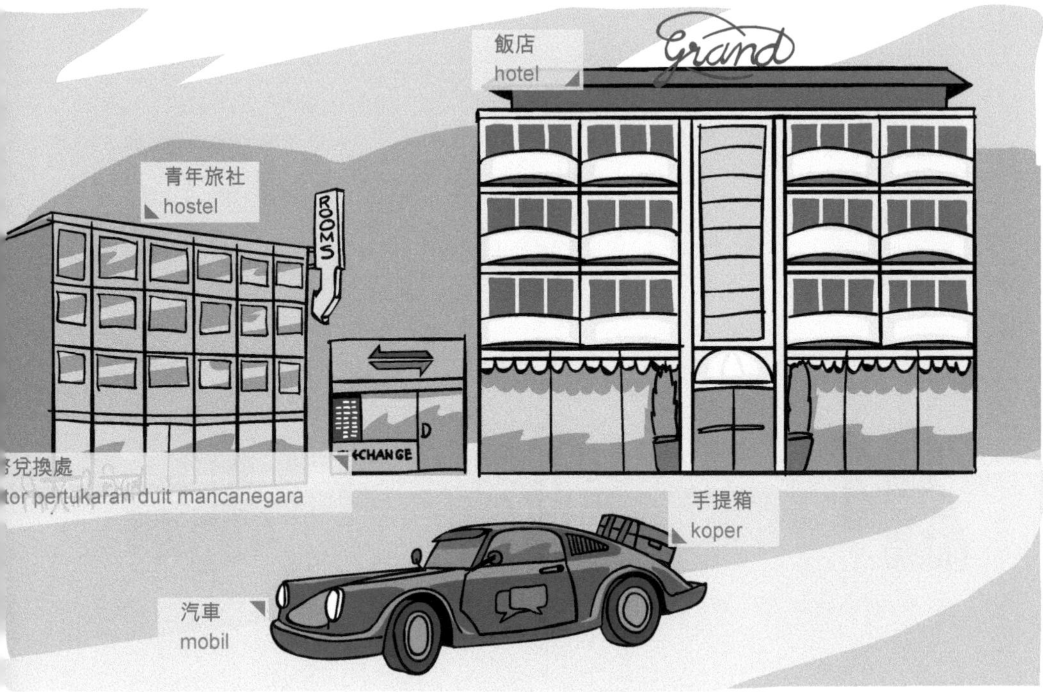

飯店
hotel
Grand
青年旅社
hostel
ROOMS
CHANGE
兌換處
tor pertukaran duit mancanegara
手提箱
koper
汽車
mobil

語言
basa

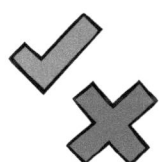

是/否
iya / ora

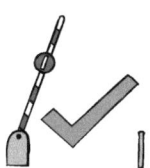

好的
oke

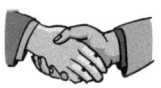

您好
halo

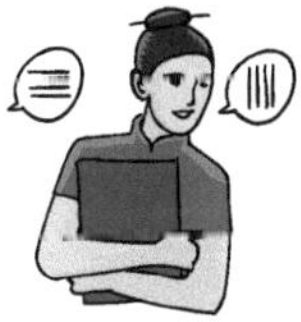

翻譯人員
juru basa

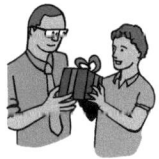

謝謝
matur nuwun

......多少錢？

Piro regane ...?

我不明白

aku ora ngerti

問題

masalah

晚上好！

Sugeng dalu!

早上好！

Sugeng enjang

晚安！

Sugeng dalu!

再見

pareng

方向

arah

行李

koper

包

tas

背包

ransel

客人

tamu

房間

kamar

睡袋

kantong turu

帳篷

tenda

旅行資訊
informasi turis

海灘
pantai

信用卡
kertu kredit

早餐
sarapan

午餐
mangan awan

晚餐
mangan ing wayah bengi

票
tiket

電梯
lift

郵票
perangko

邊界
watesan

海關
cukai

大使館
kedutaan

簽證
visa

護照
paspor

angkutan

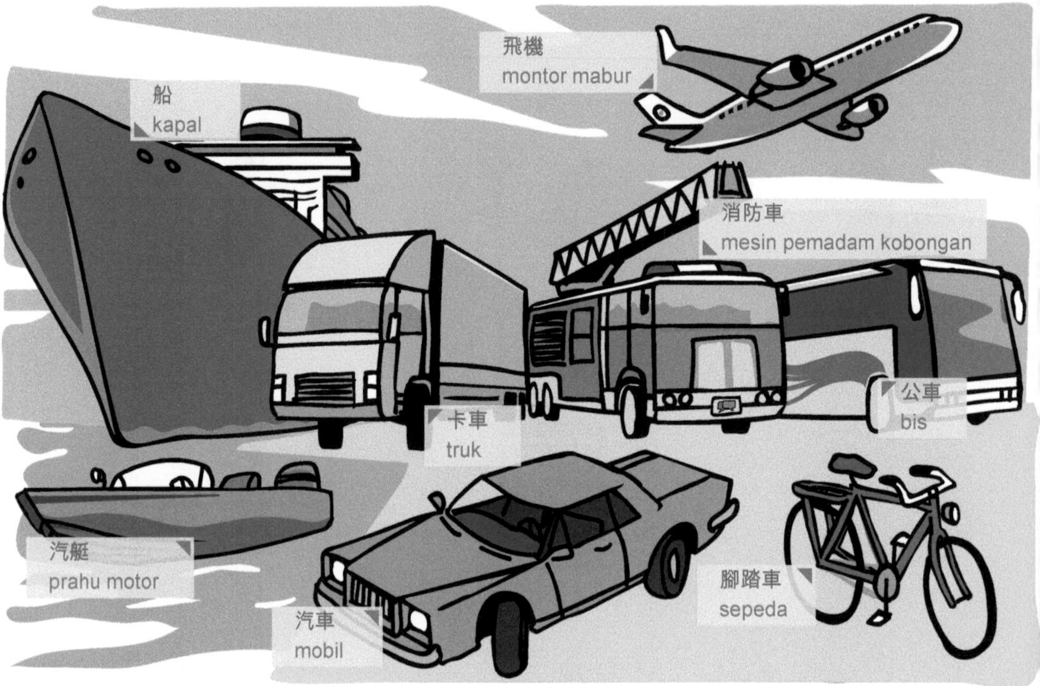
飛機
montor mabur
船
kapal
消防車
mesin pemadam kobongan
公車
bis
卡車
truk
汽艇
prahu motor
腳踏車
sepeda
汽車
mobil

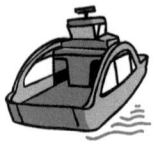

渡輪

feri

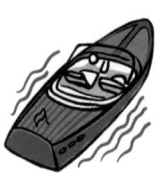

小船

perahu

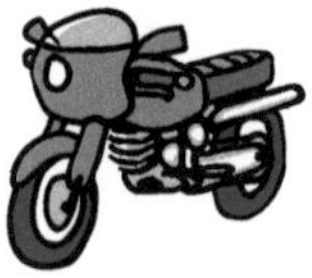

機車

sepeda motor

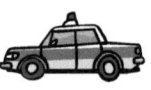

警車

mobil polisi

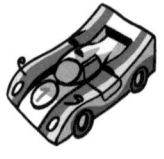

賽車

mobil balapan

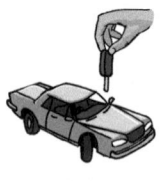

租車

mobil sewa

拼車

sewa mobil

拖車

truk derek

垃圾車

truk resek

馬達

motor

汽油

bensin

加油站

pom bensin

交通標識

tanda dalan

交通

lalu lintas

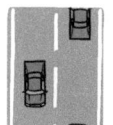

交通堵塞

macet

停車場

parkir mobil

火車站

stasiun sepur

軌道

ril sepur

火車

sepur

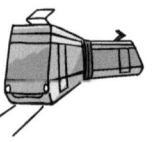

路面電車

tram

客車廂

grobak

直升機

helikopter

機場

lapangan montor mabur

塔

menara

乘客

penumpang

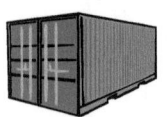

集裝箱

kontener

紙板箱

kerdhus

手推車

troli

籃子

kranjang

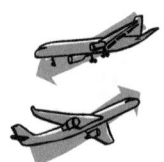

起飛/降落

mabur / ndarat

城市

kutha

村莊

desa

市中心

tengah kutha

房子

omah

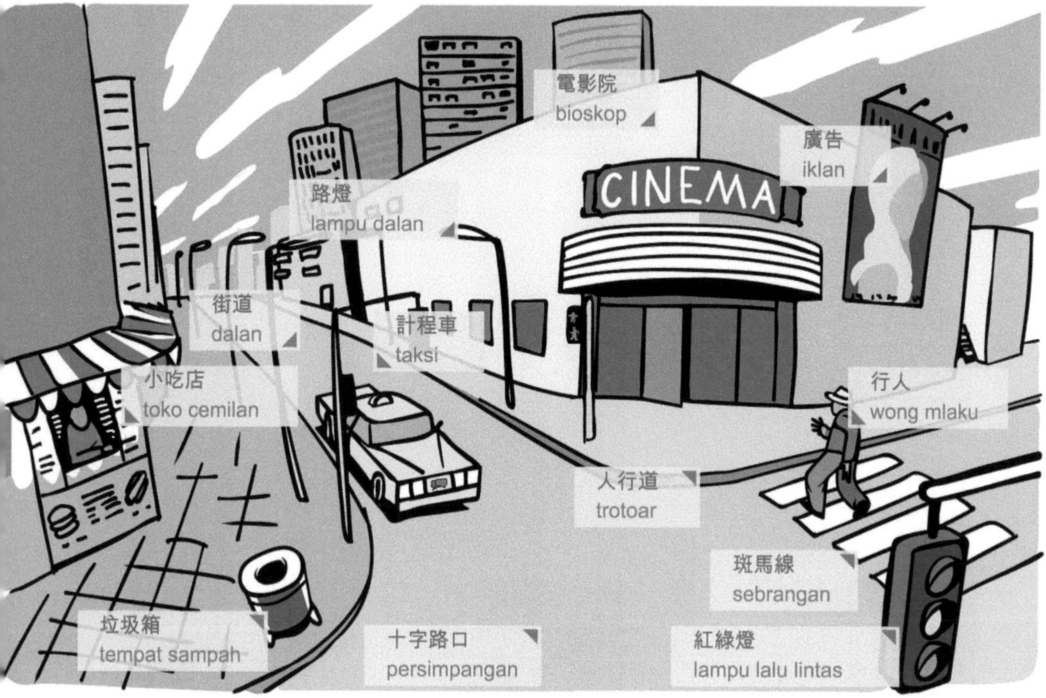
電影院
bioskop
CINEMA
廣告
iklan
路燈
lampu dalan
街道
dalan
計程車
taksi
小吃店
toko cemilan
行人
wong mlaku
人行道
trotoar
斑馬線
sebrangan
垃圾箱
tempat sampah
十字路口
persimpangan
紅綠燈
lampu lalu lintas

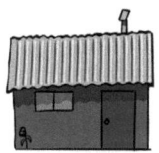

小屋

gubuk

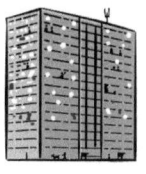

公寓

apartemen

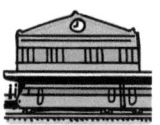

火車站

stasiun sepur

市政廳

bale kutha

MUSEUM

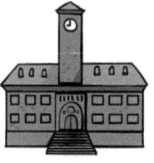

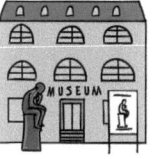

博物館

museum

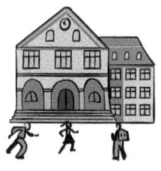

學校

sekolahan

大學

universitas

銀行

bank

醫院

griya sakit

飯店

hotel

藥房

apotek

辦公室

kantor

書店

toko buku

商店

toko

花店

toko kembang

超市

supermarket

市場

pasar

百貨商店

toko sarwa ana

魚店

toko iwak

購物中心

mal

海港

pelabuhan

公園

taman

長凳

bangku

橋

tretek

樓梯

andha

捷運

metro

隧道

trowongan

公車站

halte bis

酒吧

bar

餐館

restoran

郵筒

kotak surat

路標

pratandha dalan

停車計時器

meteran parkir

動物園

kebon kewan

游泳池

kolam renang

清真寺

masjid

農場
kebon

污染
polusi

墓地
kuburan

教堂
greja

操場
panggon dolanan

寺廟
candi

地形
lanskap

樹葉
godong

指示牌
plang

路
dalan

草地
beran

石頭
watu

樹
uwit

徒步旅行者
wong munggah

河
kali

草
suket

花
kembang

峽谷
lembah

丘陵
bukit

湖
tlogo

森林
alas

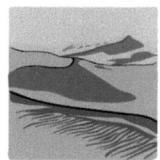

沙漠
ara-ara

火山
gunung geni

城堡
keraton

彩虹
kluwung

蘑菇
jamur

棕櫚樹
uwit palem

蚊子
lemut

蒼蠅
laler

螞蟻
semut

蜜蜂
tawon

蜘蛛
angga-angga

甲蟲

kumbang

青蛙

kodok

松鼠

bajing

刺蝟

landhak

野兔

truwelu

貓頭鷹

manuk dares

鳥

manut

天鵝

banyak

野豬

celeng

鹿

kidang

麋鹿

menjangan

水壩

bendungan

風力發電機

turbin angin

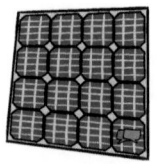

太陽能電池板

panel srengenge

氣候

iklim

服務生
laden

菜譜
menu

椅子
kursi

披薩餅
pizza

湯
sop

餐具
alat mangan

桌布
taplak meja

前菜
hidangan pambuka

主菜
menu utama

甜點
hidangan penutup

飲料
ombenan

食物
panganan

瓶子
gendul

速食

panganan instan

街邊小吃

jajan cemilan

茶壺

ceret teh

糖盒

kaleng gula

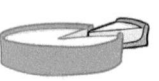

一份飯菜

porsi

義式咖啡機

mesin espresso

高腳椅

kursi duwur

帳單

tagihan

托盤

baki

刀

lading

餐叉

sendok garpu

勺子

sendok

茶匙

sendok teh

餐巾

serbet

玻璃杯

gelas

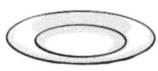

碟子

piring

湯盤

piring sop

碟子

lepek

醬

duduh

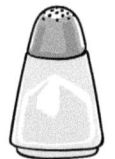

鹽瓶

gendul uyah

胡椒研磨罐

bubuk mrico

醋

cuka

食用油

lenga

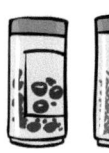

調味料

bumbon

番茄醬

saos tomat

芥末

mustar

美乃滋

mayones

超市

supermarket

特價
tawaran khusus
FOR
顧客
langganan
乳製品
produk saka susu
水果
woh-wohan
購物車
troli

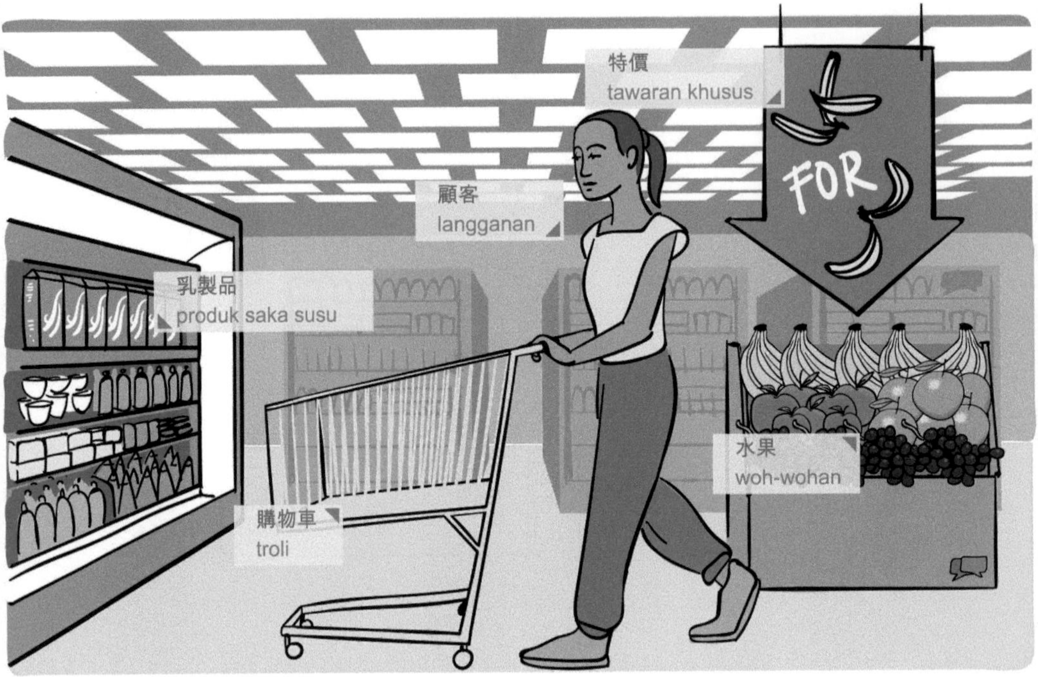

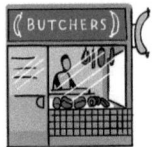

BUTCHERS

肉鋪

toko daging

BAKERY

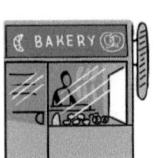

麵包店

toko roti

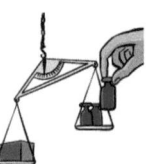

稱重

nimbang

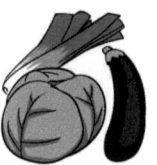

蔬菜

janganan

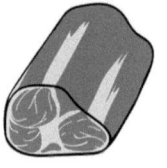

肉

daging panggang

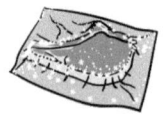

冷凍食品

panganan beku

冷盤
irisan daging

罐頭食品
panganan kaleng

洗衣粉
deterjen

甜食
permen

日用品
produk reresik omah

清潔用品
produk reresik

銷售員
bakul

收銀機
mesin kasir

收銀員
kasir

購物清單
daftar blanja

開放時間
jam buka

錢包
dompet

信用卡
kertu kredit

袋子
tas

塑膠袋
tas kresek

水

banyu

果汁

jus

牛奶

susu

可樂

ombenan kanthi karbon

紅酒

anggur

啤酒

bir

酒

alkohol

可可

coklat

茶

teh

咖啡

kopi

義式濃縮咖啡

espresso

卡布奇諾

cappuccino

香蕉

gedhang

蘋果

apel

柳丁

jeruk

西瓜

semangka

檸檬

jeruk lemon

胡蘿蔔

wortel

大蒜

bawang

竹子

pring

洋蔥

bawang

蘑菇

jamur

堅果

kacang

麵條

bakmi

義大利麵

spageti

米飯

sego

沙拉

salad

薯條

kentang goreng

炸馬鈴薯

kentang goreng

披薩餅

pizza

漢堡

hamburger

三明治

roti isi

炸豬排

daging irisan

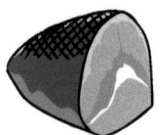

火腿

daging ham

義大利臘腸

salami

香腸

sosis

雞肉

pitik

烤肉

daging panggang

魚

iwak

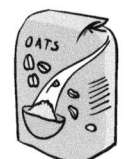

燕麥片

bubur gandum

木斯里

muesli

玉米片

sereal jagung

麵粉

glepung

牛角麵包

croissant

麵包捲

roti

麵包

roti

吐司

roti panggang

餅乾

biskuit

奶油

mertega

凝乳

dadih

蛋糕

kue

蛋

endog

煎蛋

endog goreng

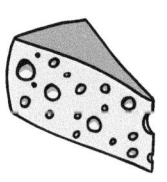

起司

keju

冰淇淋

es krim

糖

gula

果醬

sele

巧克力醬

krim nugat

蜂蜜

madu

咖哩

kare

農場
kebon

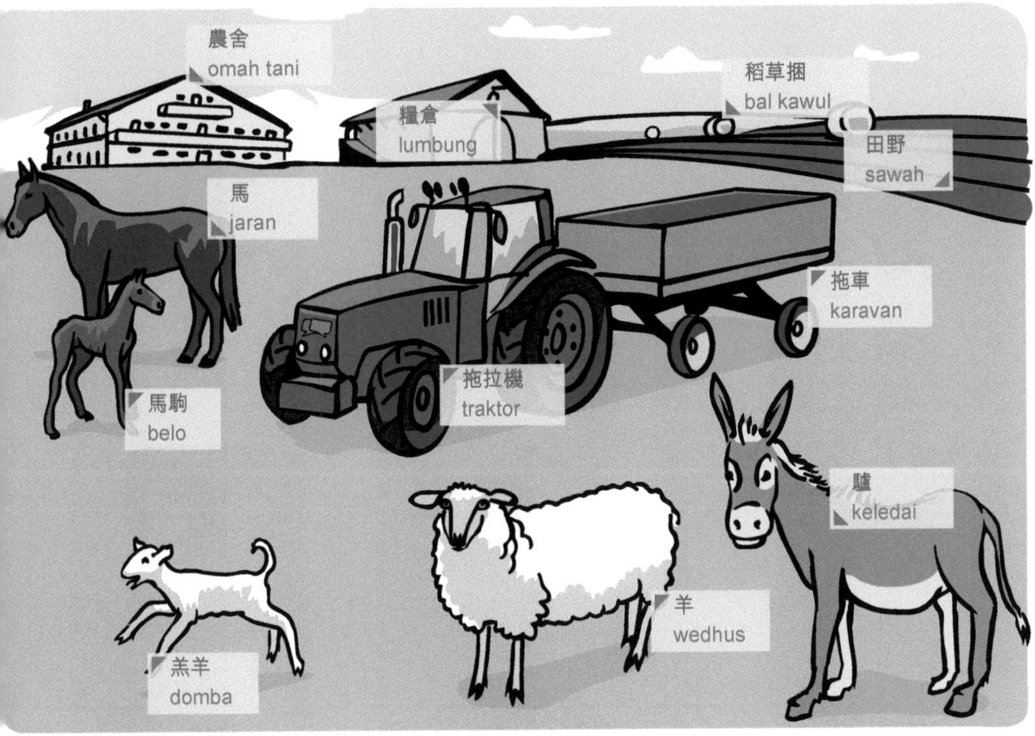
農舍
omah tani
糧倉
lumbung
稻草捆
bal kawul
田野
sawah
馬
jaran
拖車
karavan
拖拉機
traktor
馬駒
belo
驢
keledai
羊
wedhus
羔羊
domba

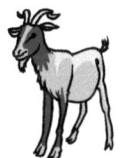

山羊
wedhus

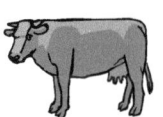

奶牛
sapi

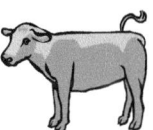

小牛
pedhet

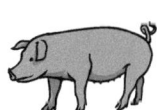

豬
babi

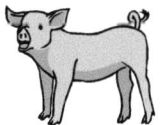

小豬
gambluk

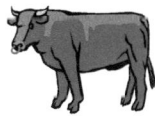

公牛
kebo

鵝
banyak

鴨
bebek

小雞
kuthuk

母雞
babon

公雞
jago

鼠
tikus

貓
kucing

老鼠
tikus

牛
sapi

狗
asu

狗屋
kandang asu

花園澆水軟管
selang

澆水壺
gembor

長柄大鐮刀
arit gede

犁
waluku

鐮刀

arit gede

鋤頭

pacul

長柄草耙

garu

斧頭

kapak

獨輪手推車

grobak surung

飼料槽

wadah pakan

牛奶罐

kaleng susu

麻布袋

karung

柵欄

pager

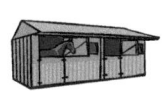

馬廄

kandang

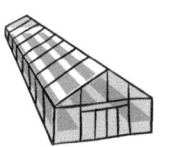

溫室

omah kaca

土壤

lemah

種子

wiji

肥料

rabuk

聯合收割機

traktor panen

收割

manen

收割

panen

地瓜

ubi

小麥

gandum

大豆

kedelai

土豆

kentang

玉米

jagung

油菜籽

lobak

果樹

wit woh-wohan

樹薯

telo

穀物

sereal

房子
omah

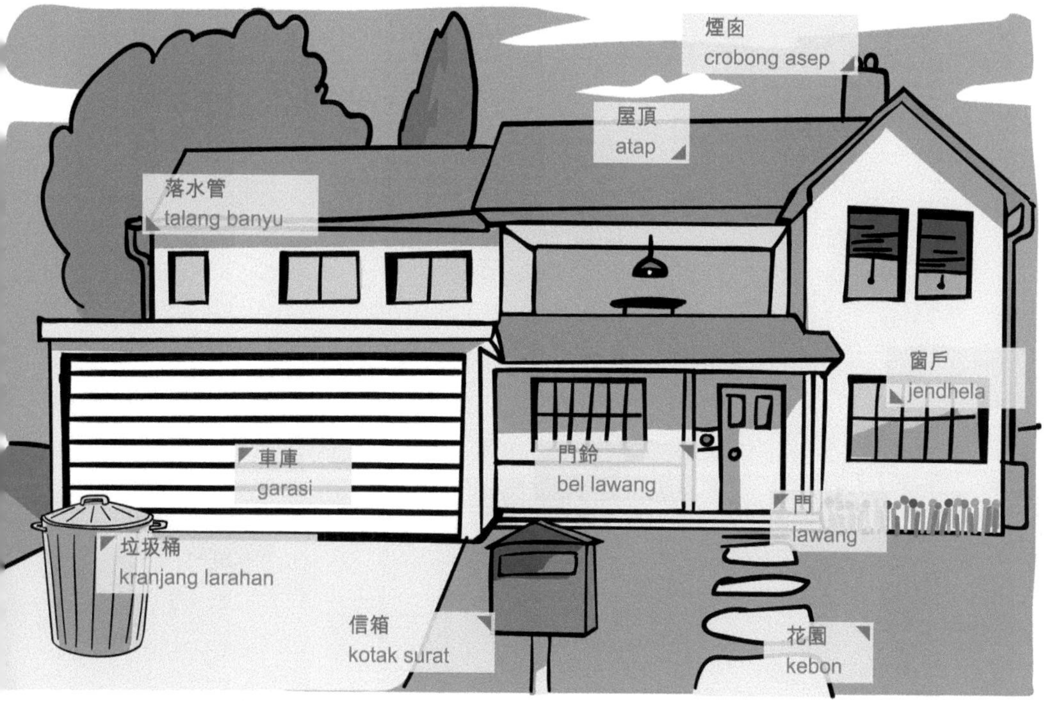
煙囱
crobong asep
屋頂
atap
落水管
talang banyu
窗戶
jendhela
車庫
garasi
門鈴
bel lawang
門
lawang
垃圾桶
kranjang larahan
信箱
kotak surat
花園
kebon

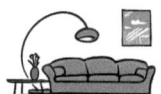

客廳
ruang tamu

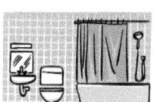

浴室
jedhing

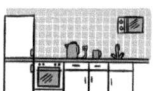

廚房
pawon

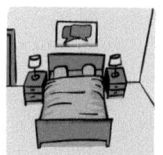

臥室
kamar turu

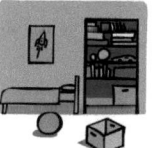

兒童房
kamar anak

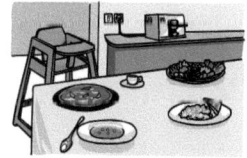

餐廳
kamar panedhaan

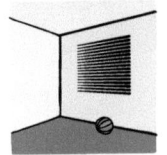

地板

jobin

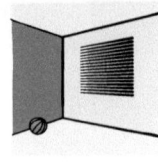

牆壁

tembok

天花板

pyan

地窖

gudhang ing njero lemah

三溫暖

sauna

陽臺

balkon

露臺

teras

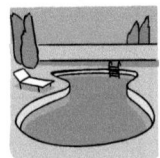

游泳池

blumbang kanggo nglangi

割草機

mesin kanggo motong suket

被單

lembaran

床罩

sprei

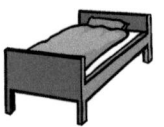

床

dipan

掃帚

sapu

水桶

ember

開關

tombol

客廳
ruang tamu

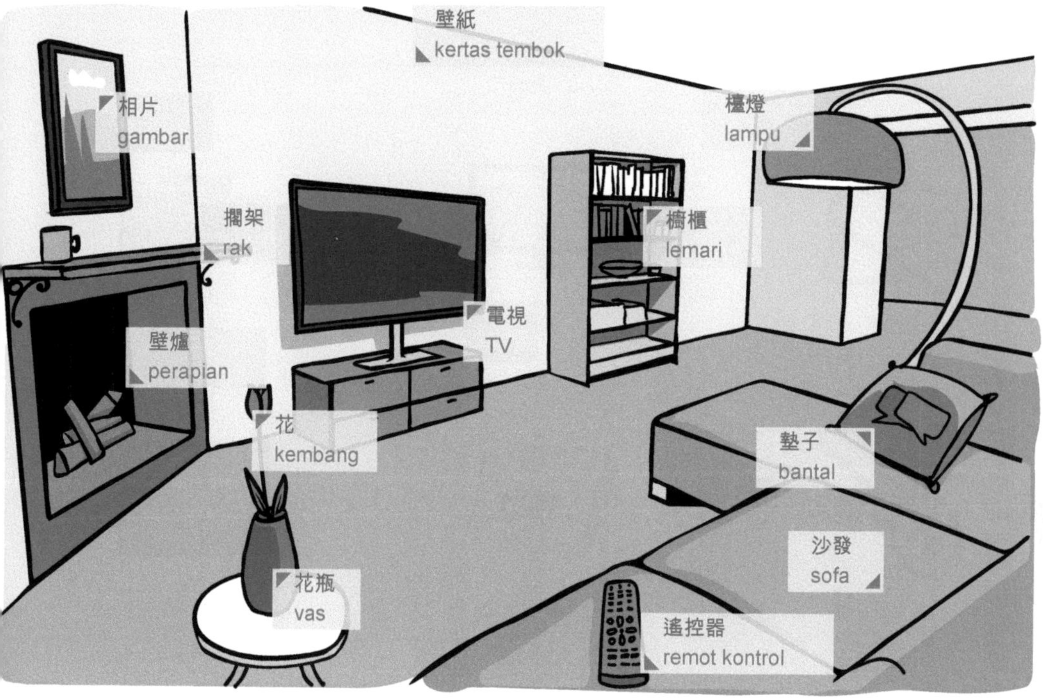
壁紙
kertas tembok
相片
gambar
檯燈
lampu
擱架
rak
櫥櫃
lemari
電視
TV
壁爐
perapian
花
kembang
墊子
bantal
沙發
sofa
花瓶
vas
遙控器
remot kontrol

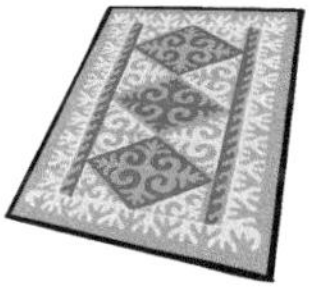
地毯
karpet

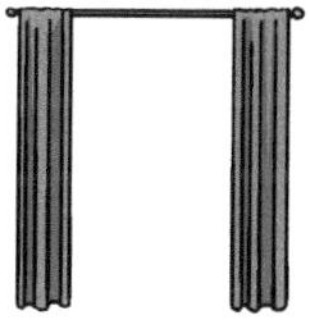
窗簾
korden

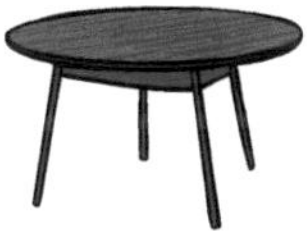
餐桌
meja

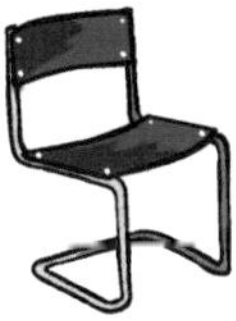
椅子
kursi

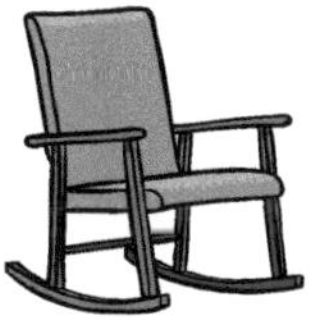
搖椅
kursi goyang

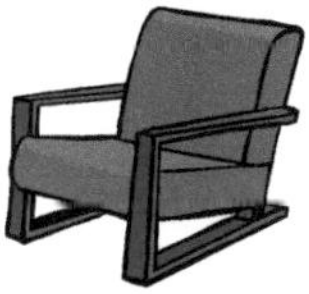
扶手椅
kursi tangan

書
buku

毯子
selimut

裝飾品
dekorasi

木柴
kayu bakar

電影
film

高傳真音響
hi-fi

鑰匙
kunci

報紙
koran

油畫
lukisan

海報
poster

收音機
radio

筆記本
buku catetan

吸塵器
penyedot lebut

仙人掌
kaktus

蠟燭
lilin

廚房
pawon

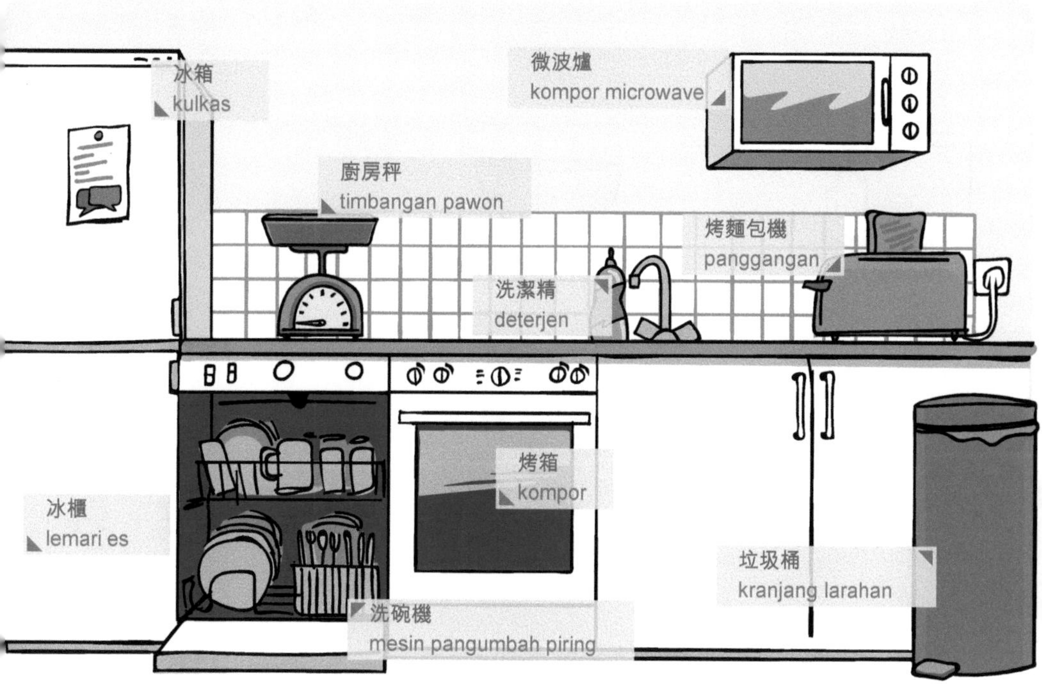
冰箱
kulkas
微波爐
kompor microwave
廚房秤
timbangan pawon
烤麵包機
panggangan
洗潔精
deterjen
烤箱
kompor
冰櫃
lemari es
垃圾桶
kranjang larahan
洗碗機
mesin pangumbah piring

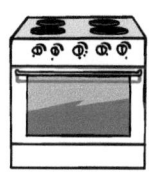

炊具

kompor

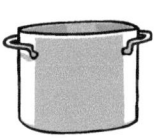

鍋

panci

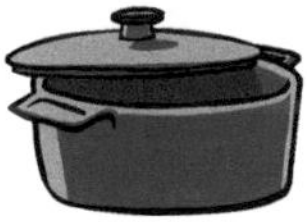

鑄鐵鍋

panci wesi

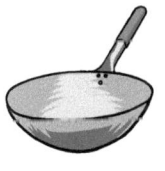

炒鍋

wajan

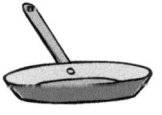

平底鍋

wajan

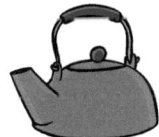

水壺

ceret

蒸鍋

kukusan

烤盤

loyang

陶瓷鍋

pecah belah

馬克杯

mug

碗

mangkok

筷子

sumpit

長柄勺

irus

鏟子

solet

攪拌器

udeg

濾網

ayakan

篩子

saringan

磨碎機

parutan

研缽

lumpang

燒烤

panggangan

明火

geni

菜板

telenan

擀麵杖

gilingan adonan

開瓶器

kotrek

罐子

kaleng

開罐器

bukaan kaleng

隔熱手套

cempal

水槽

wastafel

刷子

sikat

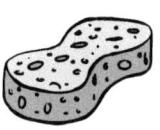

海綿

sepon

攪拌機

blender

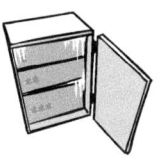

冷藏箱

kulkas

奶瓶

gendul bayi

水龍頭

kran

浴室

jedhing

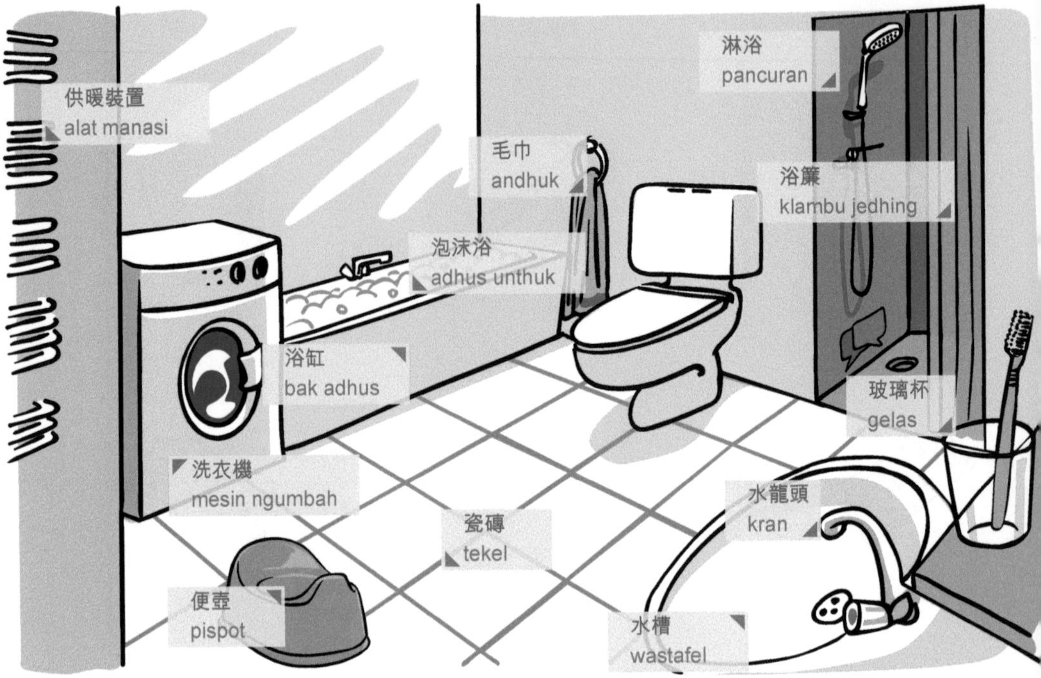

供暖裝置
alat manasi

淋浴
pancuran

毛巾
andhuk

浴簾
klambu jedhing

泡沫浴
adhus unthuk

浴缸
bak adhus

玻璃杯
gelas

洗衣機
mesin ngumbah

瓷磚
tekel

水龍頭
kran

便壺
pispot

水槽
wastafel

廁所
jamban

蹲便器
jamban dhodhok

坐浴器
bidet

小便斗
pissoir

廁紙
tisu jamban

馬桶刷
sikat jamban

牙刷

sikat untu

牙膏

odol

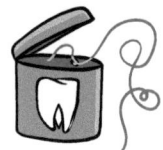

牙線

bolah untu

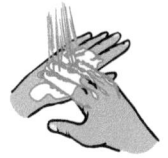

洗

ngumbahi

手持式蓮蓬頭

gagang shower

沖洗器

pancuran

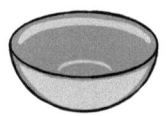

洗臉盆

baskom

洗背刷

sikat geger

肥皂

sabun

沐浴露

gel pancuran

洗髮乳

sampo

法蘭絨

hem

排水

nguras

乳霜

krim

除臭劑

deodoran

鏡子

pangilon

手鏡

koco tangan

刮鬍刀

silet

刮鬍泡沫

umpluk cukur

鬍後水

aftershave

梳子

jungkat

刷子

sikat untu

吹風機

hairdryer

噴髮定型劑

hairspray

化妝品

dandanan

唇膏

gincu

指甲油

kuteks

化妝棉

kapas

指甲剪

gunting kuku

香水

parfum

洗漱包

kantong adhus

凳子

dingklik

計重秤

timbangan

浴袍

jubah kanggo sawise adhus

橡膠手套

sarung karet

衛生棉條

tampon

衛生棉

pembalut

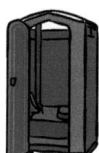

化學廁所

jamban nganggo bahan kimia

兒童房
kamar anak

鬧鐘
alarm jam
毛絨玩具
dolanan empuk
玩具車
mobil-mobilan
撥浪鼓
kumretek
玩具屋
omah boneka
禮物
hadiah

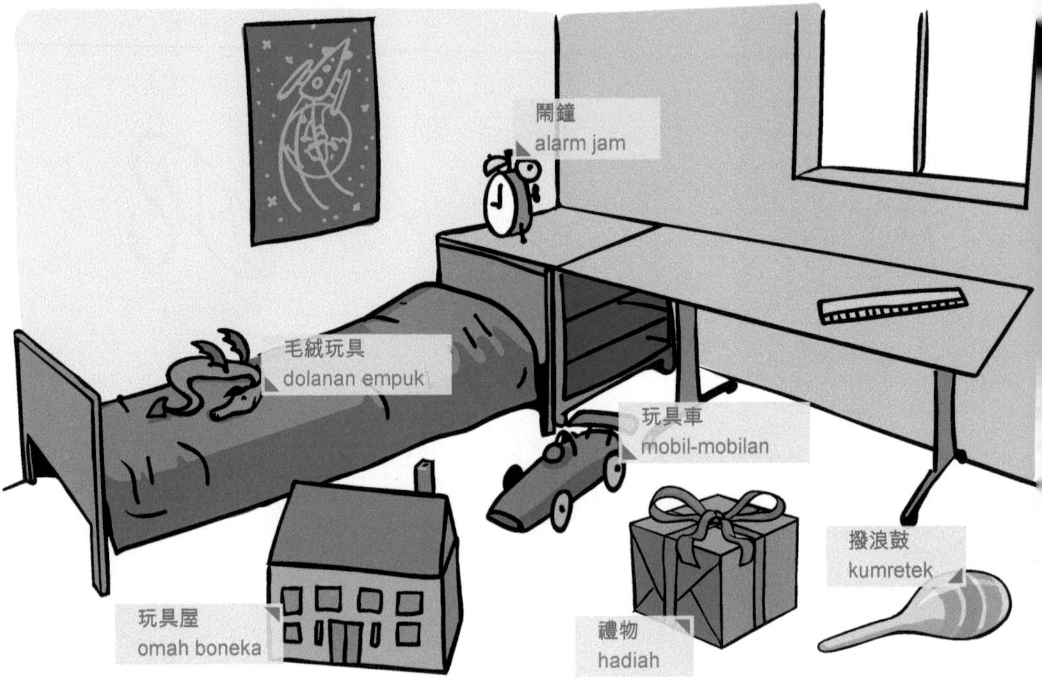

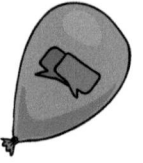

氣球

balon

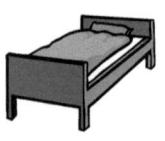

床

dipan

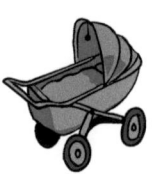

嬰兒車

kreto bayi

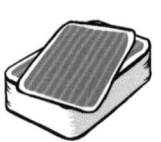

撲克牌

meja kertu

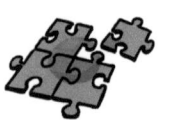

拼圖

teka-teki

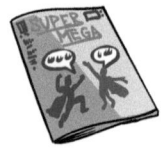

漫畫

komik

樂高積木

bata lego

積木玩具

balok dolanan

公仔

boneka aksi

嬰兒服

klambi bayi

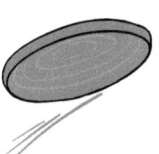

飛盤

frisbee

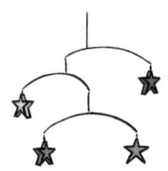

床鈴玩具

dolanan gantungan

棋盤遊戲

dolanan meja

骰子

dadu

火車模型

sepur dolanan

安撫奶嘴

dot

派對

pesta

繪本

buku gambar

球

bal

洋娃娃

boneka

玩

dolanan

沙坑

panggon dolanan pasir

鞦韆

ayunan

玩具

dolanan

電玩遊戲

konsol video game

三輪車

sepeda roda telu

泰迪熊

beruang teddy

衣櫃

lemari sandhangan

衣服
klambi

襪子

kaos kaki

長襪

stoking

緊身褲

kathok singset

圍巾
slendang

雨傘
payung

T恤
kaos oblong

皮帶
sabuk

靴子
sepatu bot

拖鞋
slop

運動鞋
sepatu kets

涼鞋
sandal

鞋
sepatu

雨靴
sepatu bot karet

內褲
sempak

胸罩
kutang

背心
rompi

衣服 - klambi

身體
awak

褲子
kathok

牛仔褲
kathok jins

短裙
rok

女式襯衫
blus

襯衫
klambi

套頭衫
jaket nganggo kudung

連帽上衣
sweter

西裝夾克
blezer

夾克
jaket

外套
mantel

雨衣
jas udan

套裝
kostum

連衣裙
gaun

婚紗
gaun manten

西裝

setelan

睡袍

klambi kanggo turu

睡衣

piyama

莎麗

kain sari

頭巾

kudung

包頭巾

serban

波卡

cadar

卡夫坦

kaftan

(阿拉伯式)長袍

abaya

泳衣

klambi kanggo nglangi

男式泳褲

kathok renang

短褲

kathok cekak

運動服

klambi trening

圍裙

celemek

手套

sarung tangan

鈕扣

benik

眼鏡

kacamata

手鏈

gelang

項鍊

kalung

戒指

ali-ali

耳環

anting-anting

便帽

peci

衣架

gantungan mantel

帽子

topi

領帶

dasi

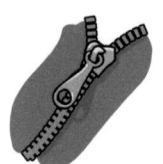

拉鍊

slerekan

安全帽

helem

背帶

bretel

校服

sragam sekolah

制服

sragam

圍兜
oto

安撫奶嘴
dot

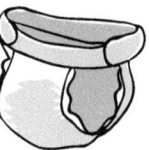

尿布
popok

辦公室
kantor

伺服器
server

檔案櫃
lemari arsip

印表機
printer

螢幕
monitor

紙
dluwang

滑鼠
mouse

辦公桌
meja

資料夾
folder

鍵盤
papan tombol

廢紙簍
kranjang larahan

椅子
kursi

電腦
komputer

咖啡杯
cangkir kopi

計算機
kalkulator

網際網路
internet

筆記型電腦
laptop

信件
surat

簡訊
pesen

行動電話
HP

網路
jaringan

影印機
mesin fotokopi

軟體
software

電話
telpon

插座
colokan

傳真機
mesin faksimili

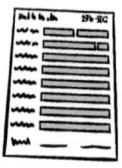

表格
blangko

檔案
dokumen

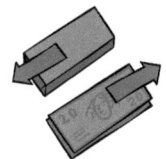

買

tuku

付錢

mbayar

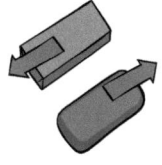

交易

bebakulan

現金

duit

美元

dolar

歐元

euro

日元

yen

盧布

rubel

瑞士法郎

franc Swiss

人民幣

yuan renminbi

盧比

rupe

提款處

cash point

外幣兌換處

kantor pertukaran duit mancanegara

金

emas

銀

perak

石油

minyak

能源

energi

價格

rego

合約

kontrak

稅金

pajek

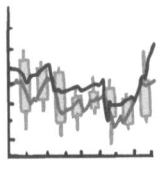

股票

saham

工作

kerjo

職員

pegawe

老闆

juragan

工廠

pabrik

商店

toko

職業
gawean

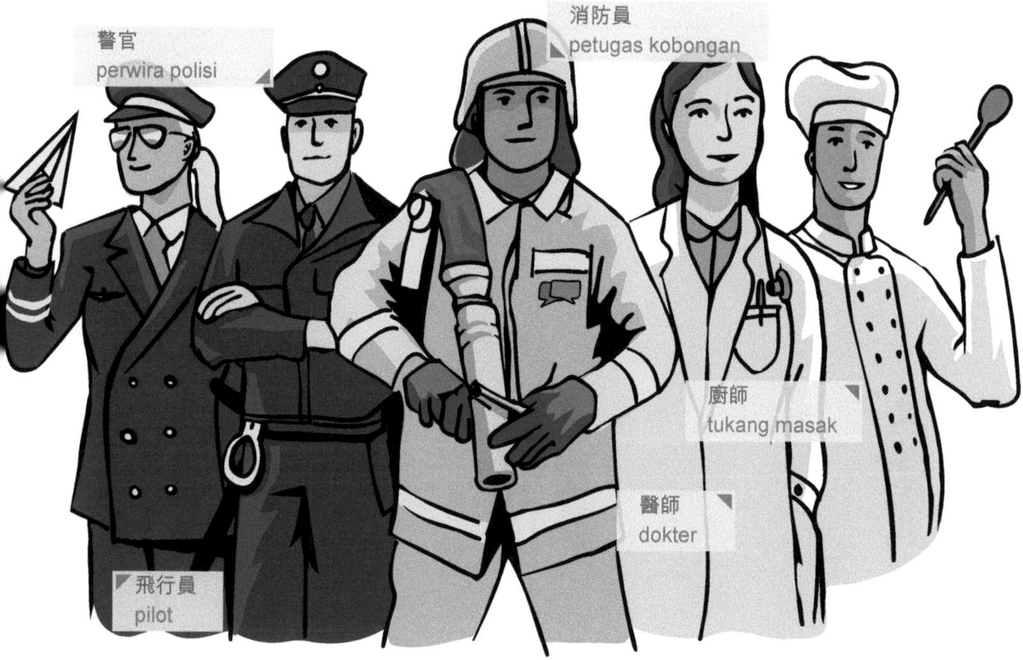
警官
perwira polisi
消防員
petugas kobongan
廚師
tukang masak
醫師
dokter
飛行員
pilot

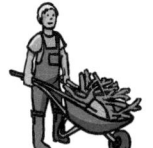

園丁

tukang kebon

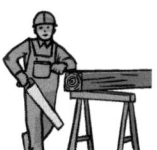

木匠

tukang kayu

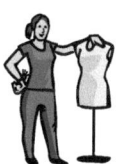

裁縫

tukang jahit

法官

hakim

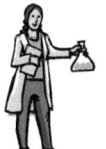

化學家

ahli kimia

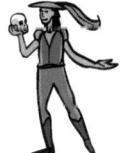

演員

aktor

公車司機

sopir bis

計程車司機

sopir taksi

漁夫

nelayan

清洗女工

tukang reresik

屋頂工

tukang pasang gendheng

服務生

laden

獵人

pamburu

畫家

pelukis

麵包師

tukang roti

電工

tukang listrik

建築工人

tukang mbangun

工程師

insinyur

屠夫

jagal

水管工

tukang ledeng

郵差

tukang pos

士兵

tentara

建築師

arsitek

收銀員

kasir

花農

bakul kembang

理髮師

juru rambut

售票員

kondektur

機械技師

mekanik

船長

kapten

牙醫

dokter untu

科學家

ilmuwan

拉比

rabbi

伊瑪目

imam

和尚

biksu

牧師

pandhita

工具

alat

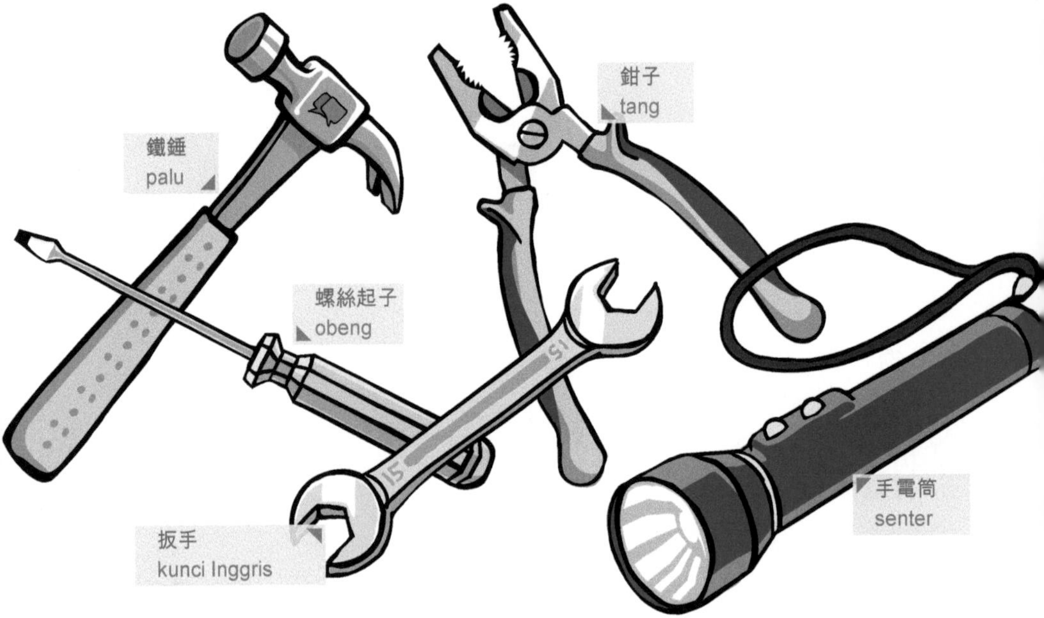

鐵錘
palu
螺絲起子
obeng
鉗子
tang
扳手
kunci Inggris
手電筒
senter

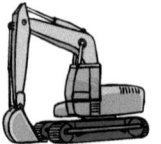

挖掘機

mesin kerukan

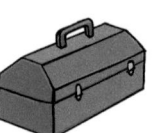

工具箱

wadah perkakas

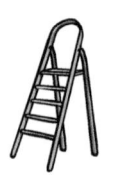

梯子

andha

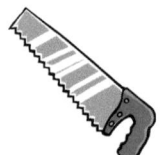

鋸子

graji

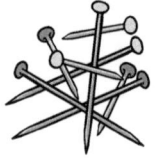

釘子

paku

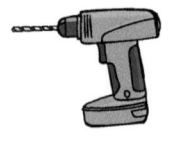

鑽機

bur

修
ndandani

鏟子
sekop

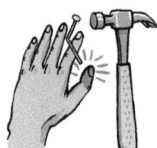

糟糕！
Bajigur!

畚箕
serok

油漆桶
kaleng cat

螺絲
sekrup

樂器
alat musik

打擊樂器
sak set tambur

揚聲器
speker

吉他
gitar

低音提琴
bass dobel

小號
trompet

鋼琴

piano

小提琴

biola

貝斯

bass

定音鼓

timpani

鼓

tambur

電子琴

keyboard

薩克斯風

saksofon

長笛

suling

麥克風

mikropon

動物園

kebon kewan

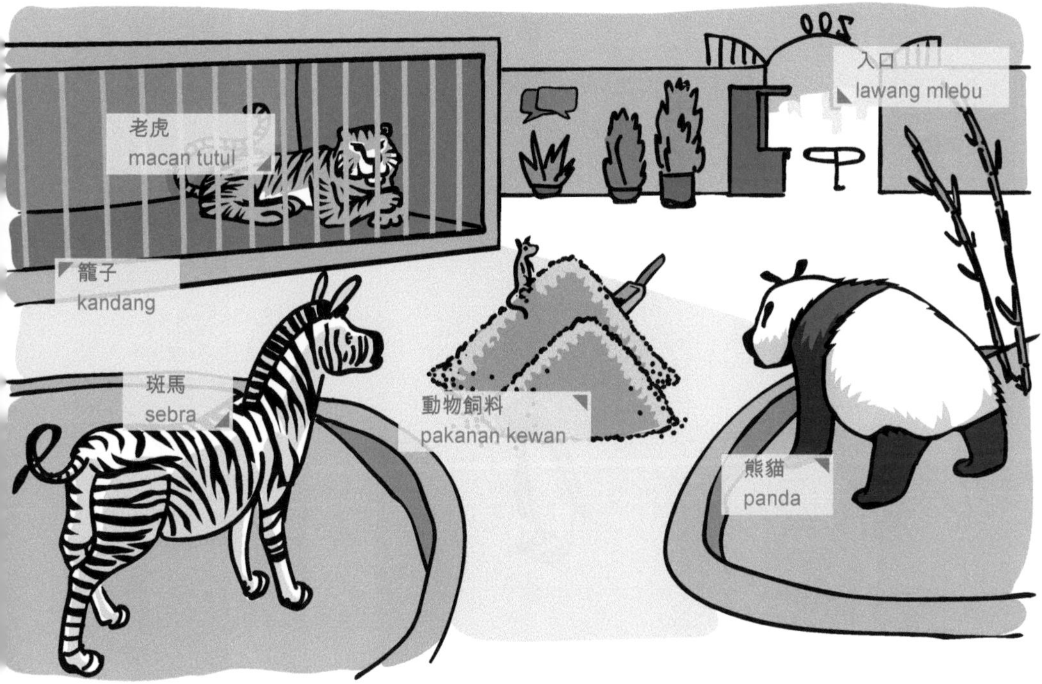

zoo
入口
lawang mlebu
老虎
macan tutul
籠子
kandang
斑馬
sebra
動物飼料
pakanan kewan
熊貓
panda

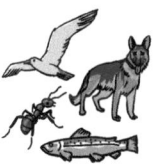

動物

kewan

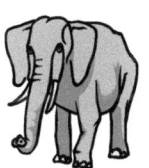

大象

gajah

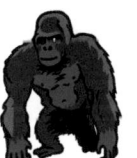

袋鼠

kanguru

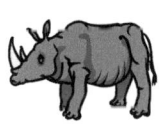

犀牛

badak

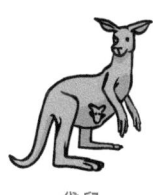

大猩猩

gorila

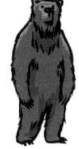

熊

beruang

駱駝

unta

鴕鳥

manuk unta

獅子

singa

猴子

kethek

紅鶴

flamingo

鸚鵡

bethet

北極熊

beruang kutub

企鵝

pinguin

鯊魚

hiu

孔雀

merak

蛇

ula

鱷魚

baya

動物園管理員

juru kunci kebon kewan

海豹

singa segara

美洲豹

jaguar

矮種馬

jaran poni

豹

macan tutul

河馬

kuda nil

長頸鹿

jrapah

老鷹

garudha

野豬

celeng

魚

iwak

龜

bulus

海象

walrus

狐狸

rubah

羚羊

kidang

橄欖球
bal-balan Amerika

騎腳踏車
sepedahan

網球
tenis

籃球
basket

游泳
nglangi

拳擊
tinju

冰球
hoki es

美式足球
bal-balan

羽毛球
badminton

田徑
atletik

手球
bal tangan

滑雪
ski

馬球
polo

跳 mencolot

笑 ngguyu

擁抱 ngrangkul

走路 mlaku

唱 nembang

做夢 ngimpi

祈禱 ndonga

親吻 ngambung

書寫	畫	展示
nulis	nggambar	nuduhake

推	給	拿
mencet	menehi	njupuk

有

duweni

做

nindakake

當

yaiku

站

ngadek

跑

mlayu

拉

narik

丟

nguncalake

摔倒

tiba

躺

ngapusi

等待

ngenteni

攜帶

nggawa

坐

lungguh

穿衣

klamben

睡覺

turu

醒來

tangi

看
ndheleng

哭
nangis

擊
ngelus

梳頭
njungkati

交談
ngomong

明白
mangerteni

問
takon

聽
ngrungoake

喝
ngombe

吃
mangan

清理
ngrapiake

愛
nrisnani

做飯
masak

開車
nyopir

飛
mabur

航行

nglayar

計算

itung

讀

maca

學習

sinau

工作

kerjo

結婚

ngrabi

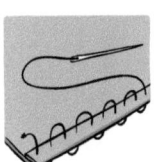

縫

njahit

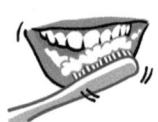

刷牙

nyikat untu

殺

mateni

抽菸

ngrokok

寄

ngirim

keluarga

祖母
mbah putri

祖父
mbah kakung

父親
bapak

母親
ibu

嬰兒
bayi

女兒
anak wedok

兒子
anak lanang

客人
tamu

阿姨
bu lik

叔叔
pak lik

兄弟
dulur lanang

姐妹
dulur wadon

身體

awak

前額
bathuk
眼睛
mripat
肩膀
pundhak
手指
driji
臉
pasuryan
下巴
janggut
手
tangan
腿
sikil
乳房
payudara
手臂
lengen

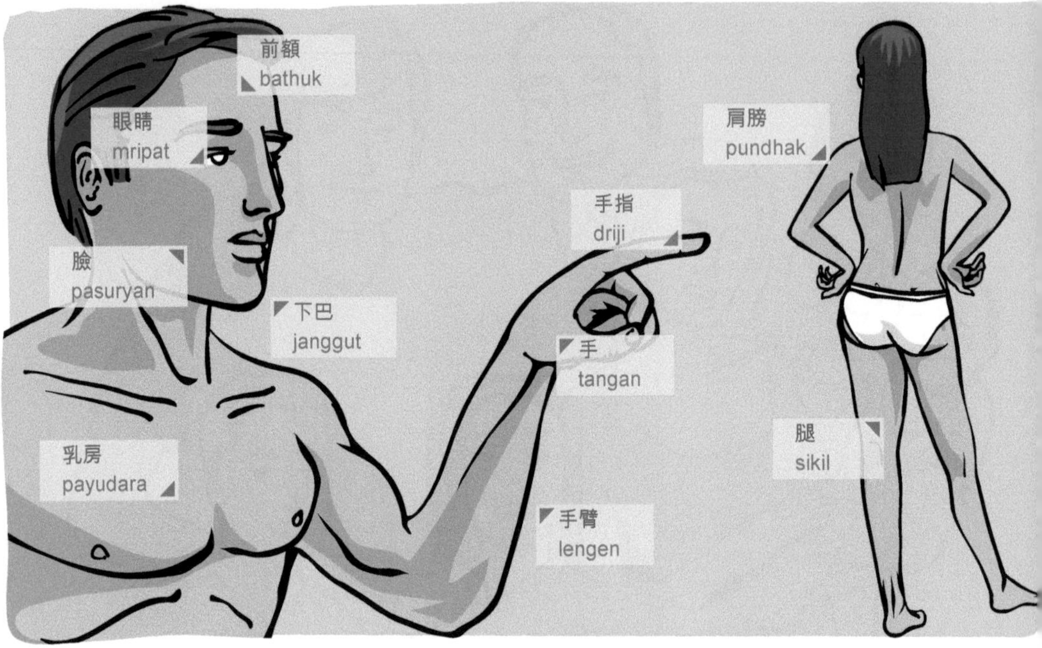

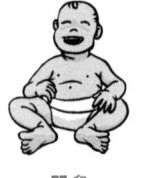

嬰兒
bayi

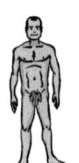

男人
lanang

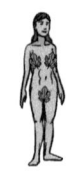

女人
wadon

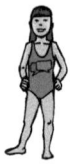

女孩
bocah wadon

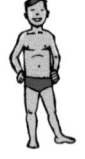

男孩
bocah lanang

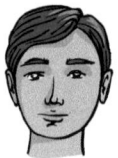

頭
sirah

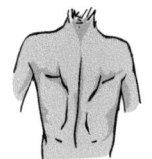

背部
geger

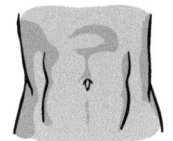

肚子
weteng

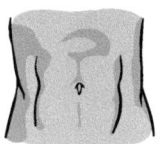

肚臍
puser

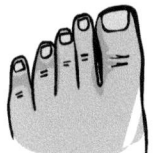

腳趾
driji sikil

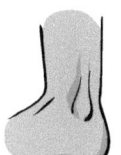

腳後跟
tungkak

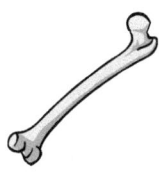

骨頭
balung

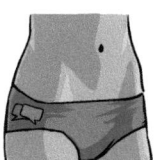

臀部
panggul

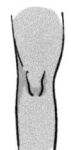

膝蓋
dengkul

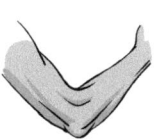

手肘
sikut

鼻子
irung

屁股
bokong

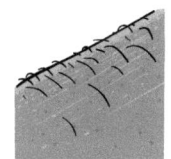

皮膚
kulit

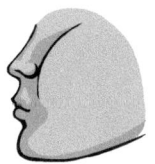

臉頰
pipi

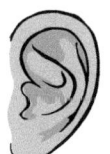

耳朵
kuping

嘴唇
lambe

身體 - awak

嘴
lisan

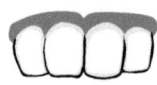

牙齒
untu

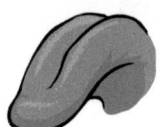

舌頭
ilat

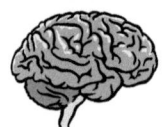

腦
uteg

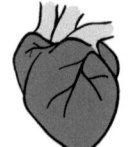

心臟
jantung

肌肉
otot

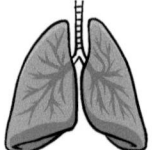

肺
paru

肝臟
ati

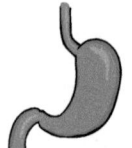

胃
garba

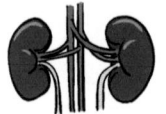

腎臟
ginjel

性交
sanggama

保險套
kondom

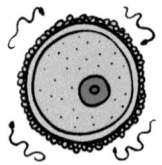

卵子
ovum

精子
mani

懷孕
mbobot

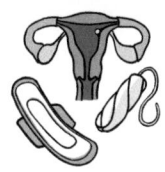

月事

haid

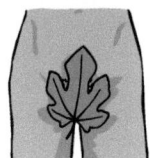

陰道

vagina

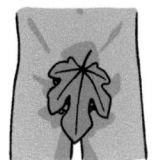

陰莖

zakar

眉毛

alis

頭髮

rambut

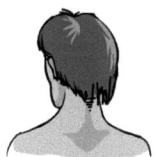

脖子

gulu

醫院
griya sakit

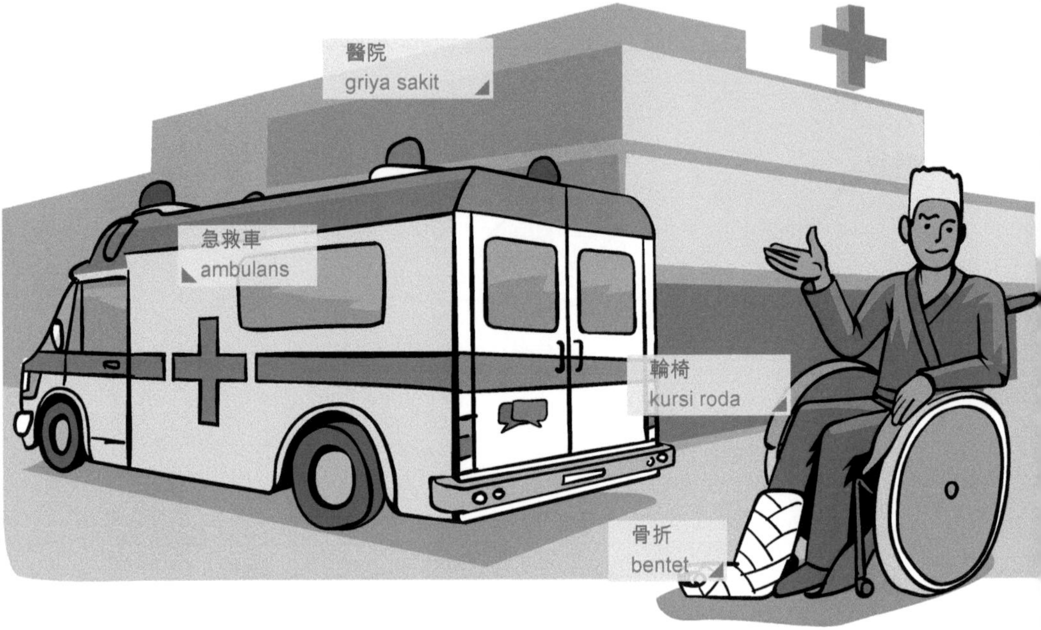

醫院
griya sakit
急救車
ambulans
輪椅
kursi roda
骨折
bentet

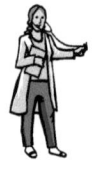

醫師
dokter

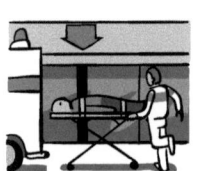

急診室
kamar gawat darurat

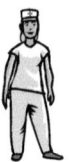

護理師
perawat

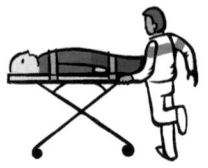

緊急情形
dharurat

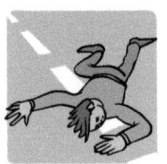

昏迷
ora sadar

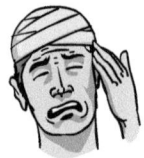

痛
linu

受傷

tatu

出血

getihen

心臟病發作

serangan jantung

中風

setruk

過敏

alergi

咳嗽

watuk

發燒

ngelu

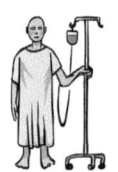

流感

pilek

腹瀉

diare

頭痛

mumet

癌症

kanker

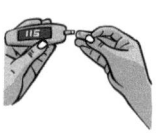

糖尿病

diabetes

外科醫師

ahli bedah

手術刀

lading bedah

手術

operasi

電腦斷層掃描
CT

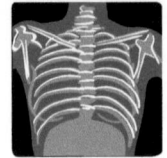

X光
sinar x

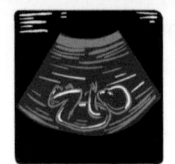

超音波
USG

口罩
masker

疾病
penyakit

候診室
kamar nunggu

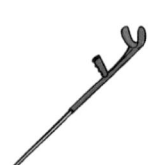

拐杖
pitulung

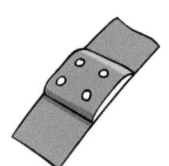

石膏
perban

繃帶
perban

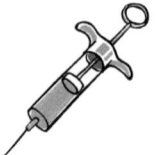

注射
suntik

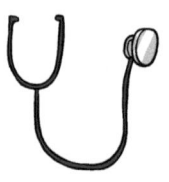

聽診器
stetoskop

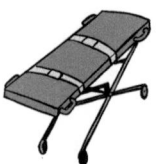

擔架
tandu

體溫計
termometer klinik

出生
lair

超重
kalemon

助聽器

alat bantu dengar

消毒液

disinfektan

感染

infeksi

病毒

virus

愛滋病

HIV/AIDS

藥物

obat

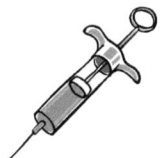

接種疫苗

vaksinasi

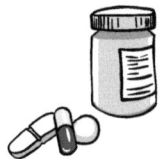

藥片

tablet

藥丸

pil

急救電話

nomer telpon darurat

血壓計

ngukur tensi getih

生病/健康

lara / waras

救命！

Tulung!

警報

alarem

突擊

sergap

攻擊

serangan

危險

bebaya

緊急出口

lawang metu dharurat

失火了！

Kobongan!

滅火器

alat mateni geni

意外

kacilakan

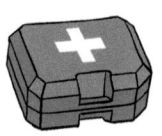

急救箱

pitulungan wiwitan

呼救訊號

SOS

員警

polisi

歐洲

Eropa

北美洲

Amerika Lor

南美洲

Amerika Kidul

非洲

Afrika

亞洲

Asia

澳洲

Australia

大西洋

Atlantik

太平洋

Pasifik

印度洋

Samudra Hindia

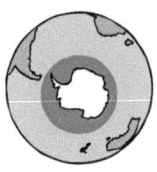

南冰洋

Samudra Antartika

北冰洋

Samudra Arktik

北極

Kutub Lor

南極

Kutup Kidul

南極洲

Antarktika

地球

bumi

陸地

daratan

海

segara

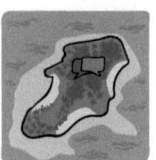

島

pulau

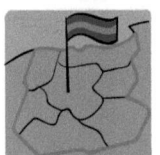

國家

bangsa

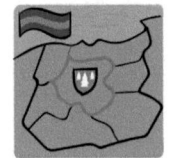

州

negara

錶盤

layar jam

時針

dom jam

分針

dom menit

秒針

dom detik

現在幾點？

Jam piro saiki?

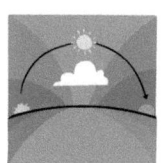

天

dina

時間

wektu

現在

saiki

電子錶

jam digital

分

menit

時

jam

週
minggu

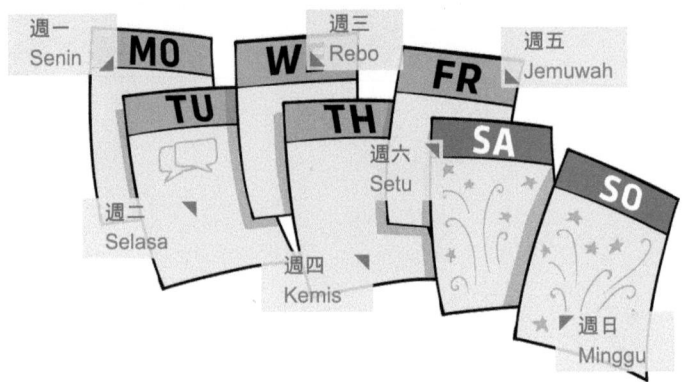

週一 Senin
週二 Selasa
週三 Rebo
週四 Kemis
週五 Jemuwah
週六 Setu
週日 Minggu

昨天

wingi

今天

saiki

明天

sesuk

早晨

esuk

中午

awan

晚上

bengi

工作日

dina kerja

週末

akhir minggu

年

tahun

雨
udan es
彩虹
kluwung
風
angin
雪
salju
春
musim semi
秋
mangsa gugur
夏
musim ketigo
冬
mangsa adem

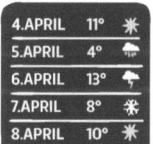

4.APRIL 11°
5.APRIL 4°
6.APRIL 13°
7.APRIL 8°
8.APRIL 10°

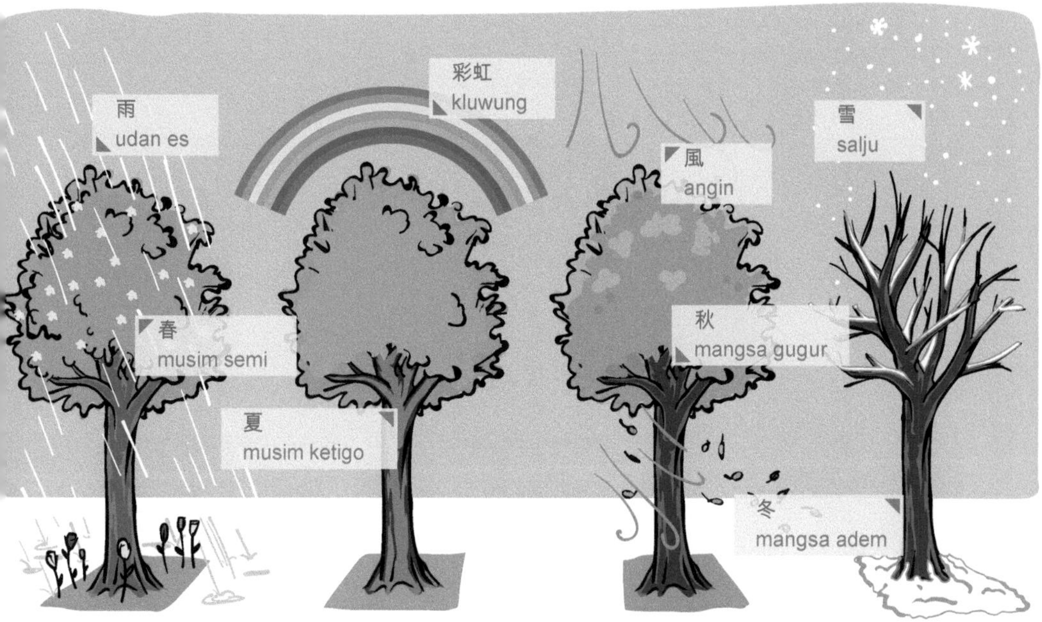

天氣預告

ramalan cuaca

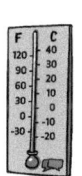

溫度計

termometer

陽光

srengenge

雲

mendhung

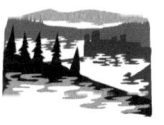

霧

kabut

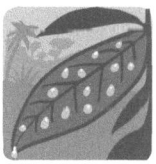

潮濕

kelembapan

閃電

kilat

打雷

bledheg

風暴

badai

冰雹

udan es

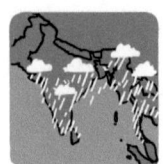

季風

muson

洪水

banjir

冰

es

一月

Januari

二月

Februari

三月

Maret

四月

April

五月

Mei

六月

Juni

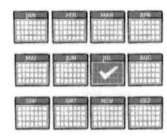

七月

Juli

八月

Agustus

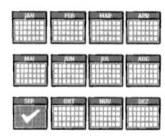

九月

September

十月

Oktober

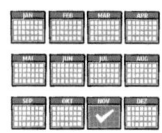

十一月

Nopember

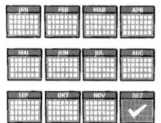

十二月

Desember

形狀

wangun

圓形

bunder

正方形

kuadrat

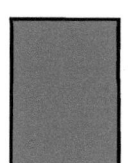

長方形

segi papat

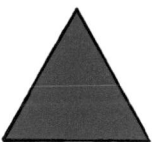

三角形

segl telu

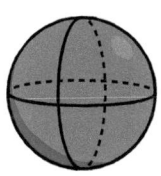

球體

bal

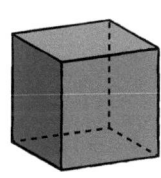

立方體

kubus

白
putih

黃
kuning

橙
oranye

粉
jambon

紅
abang

紫
ungu

藍
biru

綠
ijo

棕
coklat

灰
abu-abu

黑
ireng

很多/少許

akeh / sithik

生氣/平靜

nesu / kalem

美/醜

ayu / elek

首/尾

pawitan / pungkasan

大/小

gede / cilik

明/暗

padhang / peteng

兄弟/姐妹

sedulur lanang / sedulur wadon

乾淨/骯髒

resik / reged

完整/缺失

pepak / ora pepak

白天/晚上

awan / bengi

死/生

mati / urip

寬/窄

jembar / sempit

可食用/非食用

iso dipangan / ora iso dipangan

邪惡/善良

ala / becik

興奮/無聊

seneng / bosen

胖/瘦

lemu / kuru

第一/最後

pisanan / pungkasan

朋友/敵人

kanca / musuh

滿/空

kebak / kosong

硬/軟

atos / empuk

重/輕

abot / enteng

餓/渴

luwe / wareg

生病/健康

lara / waras

非法/合法

illegal / legal

聰明/愚笨

pinter / bodo

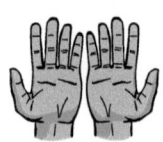

左/右

kiwa / tengen

近/遠

cedhak / adoh

新/舊

anyar / lawas

沒有/有些

ora ana / ana

老/幼

tuwa / enom

開/關

urip / mati

打開/闔上

buka / tutup

安靜/吵鬧

anteng / rame

富/窮

sugeh / mlarat

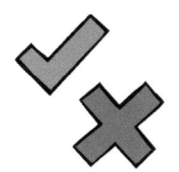

對/錯

bener / salah

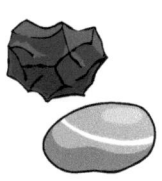

粗糙/光滑

kasar / alus

傷心/高興

susah / seneng

短/長

cendhak / dawa

慢/快

alon / banter

濕/乾

teles / garing

溫暖/涼爽

anget / adem

戰爭/和平

perang / tentrem

0

零
nol

1

一
siji

2

二
loro

3

三
telu

4

四
papat

5

五
limo

6

六
enem

7

七
pitu

8

八
wolu

9

九
songo

10

十
sepuluh

11

十一
sewelas

12

十二

rolas

13

十三

telulas

14

十四

patbelas

15

十五

limolas

16

十六

nembelas

17

十七

pitulas

18

十八

wolulas

19

十九

songolas

20

二十

rong puluh

100

百

satus

1.000

千

sewu

1.000.000

百萬

sak yuto

英語

basa Inggris

美式英語

basa Inggris Amerika

普通話

basa Cina Mandarin

印地語

basa Hindi

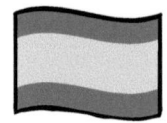

西班牙語

basa Spanyol

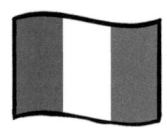

法語

basa Prancis

阿拉伯語

basa Arab

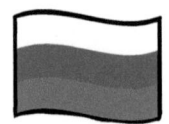

俄語

basa Rusia

葡萄牙語

basa Portugis

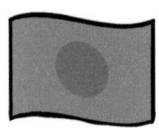

孟加拉語

basa Bengali

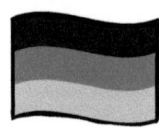

德語

basa Jerman

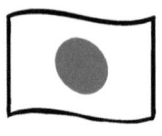

日語

basa Jepang

我

aku

你

kowe

他/她/它

dheweke

我們

kita

你們

kowe kabeh

他們

dheweke kabeh

誰？

sapa?

什麼？

apa?

如何？

piye?

何處？

neng endi?

何時？

kapan?

名字

jeneng

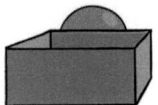

後面

mburi

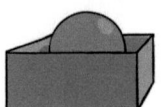

裡面

ing jero

前面

ing ngarep

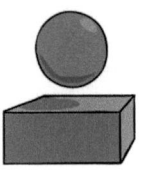

上方

ing dhuwure

上面

ing

下麵

ing ngisore

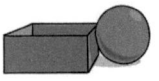

旁邊

sisih

中間

antarane

地點

panggonan